Maria Syromolotova

Jean-Jacques Rousseau: Emil oder über die Erziehung

Einblick in die Theorie eines „natürlichen Menschen"

GRIN Verlag

Bibliografische Information der Deutschen Nationalbibliothek:

Die Deutsche Bibliothek verzeichnet diese Publikation in der Deutschen National-
bibliografie; detaillierte bibliografische Daten sind im Internet über http://dnb.d-
nb.de/ abrufbar.

Impressum:

Copyright © 2007 GRIN Verlag GmbH
Druck und Bindung: Books on Demand GmbH, Norderstedt Germany
ISBN: 978-3-640-43406-0

Dieses Buch bei GRIN:

http://www.grin.com/de/e-book/132748/jean-jacques-rousseau-emil-oder-ueber-
die-erziehung

Universität Osnabrück
WS 2006/07
Seminar: Grundfragen und Grundbegriffe der Pädagogik

Jean-Jacques Rousseau: Emil oder über die Erziehung

Einblick in die Theorie eines „natürlichen Menschen"

Syromolotova Maria
Erziehungswissenschaft/ Geschichte 1 Sem.

Inhaltsverzeichnis

1. Einleitung

In dieser Arbeit wird ein Versuch vorgenommen, einige der zentralen Gedanken von Jean-Jacques Rousseau über die Erziehung darzustellen und zu interpretieren. Die Arbeit wird also in Form von einer Textanalyse erfasst. Der Fokus wird insbesondere auf den Auszug aus dem Roman von J.-J. Rousseau „Emil oder über die Erziehung".[1]

Jean-Jacques Rousseau ist einer der bedeutendsten Vertreter der Aufklärungspädagogik und der Autor einer Idee der ‚naturorientierten' Erziehung des Kindes. Die rousseausche revolutionäre Erziehungsidee war es, die Natur im Kind zu pflegen: „in der natürlichen Ordnung sind alle Menschen gleich; ihre gemeinsame Berufung ist: Mensch zu sein." [S. 14.] Die Menschen sind Kinder der Natur und die Natur ist die eingeborene Gabe des Menschen: die Natur ist neben uns und in uns. So behauptet sich der Erziehungsprinzip von J.-J. Rousseau: „Pflanzen werden gezogen: Menschen werden erzogen." [S. 10.]

---

[1] Jean-Jacques Rousseau: Emil oder über die Erziehung. 11. unveränderte Aufl. Paderborn 1993. S. 9-15.

2. Das Menschenbild von Jean – Jacques Rousseau

Die Natur ist ‚in uns' – schreibt J.-J. Rousseau und meint damit ein Idealbild eines ‚natürlichen Menschen', welcher in den harmonischen Beziehungen zu seiner Umwelt steht und auch ‚naturgemäß' in sich ausgeglichen ist. Andererseits stellt der Mensch sich gegenüber der Natur und er ‚zwingt ' sie oder ‚erstickt' sie oder lässt sie ‚verkommen'. In der Tat er zwingt sich selbst (den sozialen Stereotypen zu entsprechen), er erstickt seine Freiheit (indem er den modernen Idealen folgt), er lässt seine Individualität verkommen (weil er seine Berufung nicht mehr erkennt). Rousseau's Ideenrevolution entwickelt sich in der vorrevolutionären Situation Frankreichs. Die Menschen sind einem sozialen und politischen Ordnung angewiesen, sie gehören dem „Sozialkörper" des Staates und kaum mehr sich selbst. Der Staat akzeptiert die pflichtbewussten Bürger und bestimmt damit das Ziel der sozialen Einrichtungen der Zeit; diese, „entkleiden den Menschen seiner eigentlichen Natur und geben ihm für seine absolute eine relative Existenz." [S. 12]. J.-J. Rousseau protestiert gegen ‚Pauschalität' des Menschen seiner Zeit, er propagandiert das ‚Rückkehr zur Natur', er plädiert für die natürliche Individualität jedes Menschen: „der natürliche Mensch ruht in sich. Er ist eine Einheit und ein Ganzes; er bezieht sich nur auf sich oder seinesgleichen." [S. 12.]

Als Vertreter der Aufklärung ruft J.-J. Rousseau seine Generation auf, die neuen Erziehungswege zu betreten. Der Mensch ist gut von Natur und man muss dieser Natur freien Raum zur Entwicklung lassen. Genauso das Kind, es braucht die Unterstützung und nicht die Anweisung; es muss die Umwelt selbst erleben und erkennen und nicht durch das Leben geleitet werden. Man muss nur die Natur anschauen, um zu verstehen, wo der ‚Kern der Wahrheit' liegt. Die Pflanzen und Bäume brauchen guten Boden, Wasser und

Sonnenschein zum Wachsen. Aber vor allem, brauchen sie einen Platz für ihre Wurzel. Ein Baum im Freien bringt gute Früchte. Das Kind ist wie ein Baum: es hat Bedarf an Unterstützung und guten Bedingungen für seine Entwicklung. In erster Linie, mag es aber spüren, dass sein freier Wille akzeptiert und nicht unterdrückt wird. Das Kind, welches in Übereinstimmung mit Natur steht und selbst zu solcher Erkenntnis kommt, wird ein Mensch, der seiner Berufung bewusst ist, - „ein natürlicher Mensch." [vgl. S. 9.]

3. Erziehung als Kunst und die Rolle der Erzieher

Der Mensch kommt schwach zur Welt und braucht Hilfe. Das Kind ist ein ‚tabula rasa' und braucht Zeit, um die Welt zu erkennen. „Was uns bei der Geburt fehlt und was wir als Erwachsene brauchen, das gibt uns die Erziehung" – schreibt J.-J. Rousseau. [S. 10.] Nach Rousseau's Vorstellungen werden wir durch die Natur, den Dingen und von den Menschen erzogen. Wir haben also drei Lehrer. Bei der Natur schöpfen wir die Kräfte und Fähigkeiten, die unsere ‚innere' Natur bestimmen. Das Kind lernt von der Natur durch die Anschauung, es nimmt die Gesetzmäßigkeiten der Natur unbewußt auf. Die Natur erzieht im Kinde also das ästhetische Gefühl, die Intuition, eine unbewußte Reflektion. „Die Dinge erziehen uns durch die Erfahrung, die wir mit ihnen machen." [S. 10.] Das Kind wird von der Geburt an auf verschiedene Weise durch die Umwelt beinflußt. Wenn das Kind anfängt, seine Eindrücke bewusst wahrzunehmen, definiert es die Gegenstände als gut oder schlecht (je nachdem, welche Erfahrung es mit diesen Gegenständen gemacht hat). Erst nach und nach lernt das Kind vernünftig über die Gegenstände, ihren Wert und ihre Bestimmung zu urteilen. So wird über die Bedeutung der bestimmten Dinge in unserem Leben reflektiert. Es geht also über die bewusste Reflektion des Kindes.

Die Menschen lehren uns, die (bereits erworbenen) Fähigkeiten und Kräfte zu gebrauchen. An diesem Entwicklungsstadium geht es für J.-J. Rousseau darum, die theoretischen Kenntnisse, die das Kind von der Erziehung durch die Natur und durch die Dinge bekommen hat, in die Praxis umzusetzen. Dabei müsse man aufpassen, so J.-J. Rousseau, dass diese drei Komponenten (Natur, Dinge und Mensch) im Einklang zueinander stehen, da das das Ziel der Erziehung voraussetzt. Wenn die Komponenten nicht übereinstimmen, so wird das Kind „immer uneins in sich sein." [S. 10.] Wenn aber die Erziehung durch die Natur, Dinge und von einem Menschen auf eine Aufgabe konzentriert ist, „so erreicht er (der Schüler) sein Ziel und lebt dementsprechend." [S. 10.]

Die Erziehung ist also Kunst, das Zusammenwirken von Natur, Dingen und dem Menschen zu ermöglichen bzw. diesem „Ziel mehr oder weniger nahe zu kommen." [S. 10.] Die Schwierigkeit der Kunst besteht aber darin, dass der Mensch keine Kontrolle
über den Erziehungsprozessen durch die Natur und Dinge besitzt. Nur die Erziehung „der Menschen ist die einzige, die wir in unserer Gewalt haben." [S. 10.]

Und das ist auch nur unter bestimmten Voraussetzungen möglich, da der Mensch nicht ‚absolute' Kontrolle ausüben kann. Der Erzieher hat in diesem Fall eine Art der Aufsichtsfunktion so, dass die Erziehung einem Ziel zugeordnet ist und in Zusammenwirken von drei Komponenten verläuft.

4. „Eigenrecht des Kindes" und „negative Erziehung"

Wenn das 'gezüchtete' Kind „nur einen Schritt ins Freie tut, wenn es eine Stufe hinabsteigt, ist es verloren. So lernt man es nur, Leiden zu empfinden, aber nicht sie zu ertragen."[S. 15.] Damit meint J.-J. Rousseau, dass das Kind das Recht auf die Selbstbestimmung hat, welche für ihn in erster Linie darin bestehen sollte, ein Mensch zu werden. Solange das Kind dieser Bestimmung unbewusst bleibt, ist die Aufgabe der Erzieher, es auf dem Weg zum ‚Menschwerden' zu begleiten. J.-J. Rousseau betont: „wir müssen […] in unserem Schüler den Menschen an sich sehen, der allen Zufällen des Daseins ausgesetzt ist." [S. 15.] Nur ein als ‚Mensch erzogenes' Kind kann sich im ‚unruhigen Geist des Jahrhunderts' durchzusetzen. Nur ein als ‚Mensch erzogenes' Geschöpf verliert nie sein Ziel aus dem Auge, „und wenn das Schicksal ihn zwingt, seinen Platz zu wechseln, er wird immer an seinem Platz sein." [S. 14.] Das „Eigenrecht des Kindes" ist also ‚als Mensch erzogen zu werden'.

Das Kind so zu erziehen, als würde es sein Zimmer nie verlassen, ist für J.-J. Rousseau unsinnig. So ein Kind kann den Schwierigkeiten des Lebens nicht widerstehen. Genauso schwer wird es ein Kind haben, dessen Berufsweg von den Eltern bzw. dem Erzieher bestimmt wird: „vor der Berufswahl der Eltern bestimmt ihn die Natur zum Menschen." [S. 14.]

Auch nicht der Staat darf die Erziehung bestimmen und bloß die ‚geeigneten' Bürger an seinem Nachwuchs sehen. Durch die Erziehung als ein Bürger verliert der Mensch seine Identität so, „dass sich der einzelne nicht mehr als Einheit, sondern als Glied des Ganzes fühlt und angesehen wird." [S. 14.] Diese drei Erziehungsbeispiele machen nach Rousseau „negative Erziehung" aus.

5. Problematik rousseauschen Ideen

Unter den heutigen Verhältnissen kann man rousseausche Ideen vom Standpunkt der ‚kinderorientierten Pädagogik' betrachten. In beiden Fällen steht im Mittelpunkt der Erziehung die Persönlichkeit des Kindes, seine Individualität. Eine der Grundideen der ‚kinderorientierten Pädagogik' ist, den Eigenart des Kindes zu akzeptieren und es zur Selbstständigkeit zu fördern. Rousseau's Prioritäten betreffen auch ‚natürliche' Persönlichkeit des Kindes, das auch ein „Eigenrecht" besitzt (Mensch zu werden) und von den ‚schädlichen Eingriffen' seitens Staat oder Erziehungsstereotypen der Zeit geschützt werden soll. Aber woran erkennt man, dass die Erziehung zu einem Menschen ‚abgeschlossen' ist und wann das Recht der Selbstbestimmung in Kraft tritt? Wann sind dem Kind eigene Entscheidungen wirklich zu zumuten?

J.-J. Rousseau lenkt jeden Standart in der Erziehungssache ab, er sieht an dem ‚politischen Erziehungsprogramm' und einer ‚Sozialdisziplinierung' die Manipulation mit der Natur des Kindes. Welche konkrete Bestimmung kann ein Mensch für sich im Leben finden, ohne z. B. *berufserzogen* zu werden? In diesem Zusammenhang kommt fraglich vor, ob das Kind seine Umwelt mögen wird, indem es als einzelne ‚zu einem Menschen' erzogen wird, aus zehn anderen, die als ‚stolze Bürger der Zukunft' angesehen werden?

Die Gesetzmäßigkeiten der Natur sind unbestritten aber auch unheimlich kompliziert. Die Fähigkeiten, die das Kind von der Natur schöpft, gehören nur dem Kind und sind für den Erzieher dann unerkennbar. Die Natur erschließt sich aus dem Gesetz des Gleichgewichts zwischen „gut" und „böse": Stärke und Schwäche, Sieg und Verlust, Leben und Tod. Welchem der Beispiele folgt das Kind in seinem Erziehungsprozess durch die Natur?

Kann ‚das Gute' des Kindes durch die ‚natürlichen' Beispiele beeinflusst werden?

An den rousseauschen Ideen kann man gut den Zeitgeist der Aufklärung nachvollziehen. Die Bildungsbewegung der selbst- und pflichtbewussten Persönlichkeiten des 18.-19. Jhs. stoß gegen traditionellen Einstellungen und ‚angewurzelten' Stereotypen der Gesellschaft. Die Aufklärung machte den Sinn der Ideenrevolution aus, die alle Bereiche Menschenlebens betraf. Die Euphorie der Zeit grenzte neben dem ‚reinen Vernunft': die Erziehung war dazwischen gelangen und entwickelte sich eher als Theorie.